BEI GRIN MACHT SICH IH~~~~ WISSEN BEZAHLT

- Wir veröffentlichen Ihre Hausarbeit,
  Bachelor- und Masterarbeit

- Ihr eigenes eBook und Buch -
  weltweit in allen wichtigen Shops

- Verdienen Sie an jedem Verkauf

Jetzt bei www.GRIN.com hochladen und kostenlos publizieren

Bibliografische Information der Deutschen Nationalbibliothek:

Die Deutsche Bibliothek verzeichnet diese Publikation in der Deutschen National-
bibliografie; detaillierte bibliografische Daten sind im Internet über http://dnb.d-
nb.de/ abrufbar.

Impressum:

Copyright © 2018 GRIN Verlag
Druck und Bindung: Books on Demand GmbH, Norderstedt Germany
ISBN: 9783668674387

Dieses Buch bei GRIN:

https://www.grin.com/document/418335

Fabian Groß

FTTH und VDSL2-Vectoring im Vergleich unter Berücksichtigung operativer, wirtschaftlicher und regulatorischer Aspekte

GRIN Verlag

GRIN - Your knowledge has value

Der GRIN Verlag publiziert seit 1998 wissenschaftliche Arbeiten von Studenten, Hochschullehrern und anderen Akademikern als eBook und gedrucktes Buch. Die Verlagswebsite www.grin.com ist die ideale Plattform zur Veröffentlichung von Hausarbeiten, Abschlussarbeiten, wissenschaftlichen Aufsätzen, Dissertationen und Fachbüchern.

Besuchen Sie uns im Internet:

http://www.grin.com/

http://www.facebook.com/grincom

http://www.twitter.com/grin_com

FTTH und VDSL2-Vectoring im Vergleich unter Berücksichtigung operativer, wirtschaftlicher und regulatorischer Aspekte

Fabian Groß

Problemlösung und Diskussion
Fachbereich Informatik, Hochschule Darmstadt

Zusammenfassung. Der Netzausbau ist aktuell Bestandteil öffentlicher Diskussionen. Gegenstand der Debatte ist das Verlangen eines Teils der Öffentlichkeit, lediglich Glasfasernetze zum Netzausbau zu verwenden. Unternehmen wie beispielsweise die Deutsche Telekom, welche den Netzausbau maßgeblich vorantreiben, argumentieren allerdings, dass um schneller einer möglichst breiten Menge der Öffentlichkeit Hochgeschwindigkeitsnetze bieten zu können, nicht nur Glasfaser verlegt werden kann, sondern die bestehenden Kupfernetze so weit ausgenutzt werden sollten, bis sie an ihre Potentialgrenze stoßen. Mit Vectoring kann durch die konventionellen Kupferadern auf der „last mile" zum Kunden mehr Datendurchsatz erzielt werden. In Bezug auf diese Diskussion umrandet dieses Paper zunächst die technischen Hintergründe der beiden Techniken FTTH (Fiber To The Home) und VDSL2-Vectoring am konventionellen Kupfernetz. Im Anschluss wird erarbeitet, welche Vor- und Nachteile diese im Einzelnen mit sich bringen und wie sie gegeneinander aufgewogen werden können. Zu guter Letzt erfolgt eine Betrachtung der wirtschaftlichen und operativen Aspekte und es wird ein Fazit getroffen, welche Technik unter welchen Umständen den besten Einsatzzweck erzielt.

Schlüsselwörter: Vectoring, FTTH, FTTC, Netzausbau

1 Einleitung

Zum Zeitpunkt der Erstellung dieser Arbeit hat allein die Deutsche Telekom insgesamt 400.000 Kilometer Glasfaser in ganz Deutschland verlegt.[1] Allein im letzten Jahr waren es über 40.000km und der Ausbau soll weiter beschleunigt werden: Im Jahr 2018 sollen insgesamt 60.000km Glasfaser verlegt werden.[2] Damit trägt die Deutsche Telekom maßgeblich zum Netzausbau bei, hinzu kommen die Bemühungen der Konkurrenz. Ein leistungsfähiges Netz ist natürlich auch

---

[1] Vgl. Su2016
[2] Vgl. Fr2017

wirtschaftlich betrachtet sinnvoll. So führt eine Steigerung der Breitbandpenetration von 10 Prozent zu einer Steigerung des BIP[3] um 0,9 bis 1,5 Prozent.[4] In jedem Fall wird also Glasfaser in den Boden verlegt, allerdings wird auch ein weiteres Verfahren zum Einsatz gebracht: Das sogenannte Vectoring. Dabei handelt es sich um eine weitere Technik für den Netzausbau, die auch mit Glasfaser kombiniert werden kann und mit der über die konventionellen, bereits verlegten Kupferadern mehr Bandbreite erreicht werden kann.[5] Die Entscheidung eine solche Technik auszurollen, führte in der Öffentlichkeit zu gespaltenen Meinungen mit Lagerbildung. Die eine Seite kann die Entscheidung nicht nachvollziehen und besteht darauf, auf direktem Wege lediglich Glasfaser zum weiteren Ausbau zu verwenden. Der Zwischenschritt über das Vectoring sei eine unnötige Verzögerung des „richtigen" Ausbaus, denn auf reine Glasfasernetze könne in Zukunft sowieso nicht verzichtet werden. Man hätte dann also nur vermeidbare zusätzliche Kosten. Das andere Lager steht auf der Seite der Netzbetreiber und ist der Meinung, diese Argumente entkräften zu können. Ein reiner Glasfaserausbau benötigt viel mehr Zeit als eine Kombination mit Vectoring, und Ziel ist es schließlich, möglichst schnell einer möglichst breiten Masse - vor allem auch im ländlichen Raum - einen Hochgeschwindigeitsanschluss zu gewährleisten. Auch wirtschaftlich ist das Vectoring keine Verschwendung von Ressourcen, da hierfür ja dennoch Glasfaser mitverlegt wird und in Zukunft lediglich der Anschluss vom Haus zum Straßenverteiler nachgerüstet werden müsste. Somit ergebe sich also ein schnellerer Ausbau, eine zügigere flächendeckende Versorgung mit schnellem Internet auch für ländliche Bereiche und eine Möglichkeit, in Zukunft kostengünstig weiter aufzurüsten. Es entfachte sich also eine Diskussion, die bis heute nicht eindeutig gelöst werden konnte. Tatsache ist, dass diese Thematik nicht mit einem schwarz-weißen Ansatz gelöst werden kann. Es gibt Voraussetzungen und Restriktionen für beide Techniken, auch die Wirtschaftlichkeit unterscheidet sich von Fall zu Fall. Diese Arbeit erörtert also unter welchen Umständen welche der beiden Techniken eher zum Einsatz kommen sollte und welche auf lange Sicht am meisten Sinn ergibt.

2 Vergleich beider Techniken

Eine stetig wachsende Anzahl an Diensten kann digitalisiert und über das Internet abgerufen werden. Hierdurch steigen die Anforderungen an ein vorhandenes Netz, zusätzlich benötigen die Kunden ebenfalls ein leistungsfähigeres Netz für leistungshungrigere Dienste. In Abbildung 1 lässt sich erkennen, wie sich laut FTTH Council Europe die Downstream-Anforderung der letzten Jahre verhalten hat und wie sie sich voraussichtlich in Zukunft verhalten wird. Für jegliche vorhandene Services wird demnach die benötigte Bandbreite bis 2020 um ein Vielfaches steigen. Besonders dominant sind in dieser Entwicklung die Streaming-Services für Onlinevideos sowie zukünftig entstehende, neuartige Services. Auch

---

[3] Bruttoinlandsprodukt
[4] Vlg. HaHeLa2016, S. 3
[5] Funktionsweise wird in Kapitel 2.2 näher erläutert

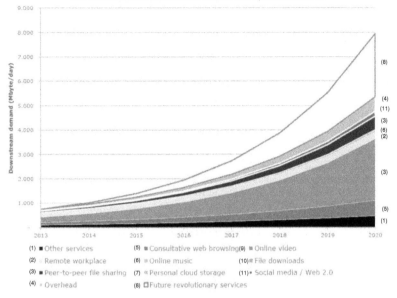

Estimated downstream demand for services in the period 2013-2020

(1) ■ Other services   (5) ■ Consultative web browsing   (9) ■ Online video

(2) Remote workplace   (6) Online music   (10) File downloads

(3) ■ Peer-to-peer file sharing   (7) Personal cloud storage   (11) Social media / Web 2.0

(4) Overhead   (8) ☐ Future revolutionary services

Abb. 1. Entwicklung der Anforderung an die Downstreamkapazität von 2013-2020 gemessen in Megabyte/Tag pro Person (Quelle: FT2016a, S.5)

in Bezug auf mobiles Arbeiten werden die Anforderungen weiter steigen. Die Anforderungen an die Upload-Kapazität werden sich in einer ähnlichen Weise entwickeln.[6] Diesen stets steigenden Anforderungen kann ein bisher bestehendes Netz ohne weitere Ausbaumaßnahmen nicht standhalten. Aus dem Grund der Zukunftssicherheit muss also unweigerlich in neue Infrastruktur investiert werden. Wie genau dies geschieht, liegt zu einem gewissen Grad in der Entscheidungsfreiheit der Netzbetreiber. Die beiden populärsten Techniken in Bezug hierauf sind Fiber To The Home[7] und Vectoring. Beide Techniken steigern die Bandbreite stark und besitzen ihre Vor- und Nachteile, die Funktionsweise unterscheidet sich allerdings ebenso stark. Aus diesem Grund soll diese im Folgenden näher dargestellt werden.

2.1 Fiber To The Home (FTTH)

2.1.1 Klassifizierung
Der grundlegendste Unterschied von FTTH zum konventionellen Kupfernetz steckt schon im Namen der Technologie: **Fiber** To The Home. Das bedeutet also, dass die Daten nicht mehr durch Kupferadern, sondern durch Glasfaser

---

[6] Vgl. FT2016a, S.5

[7] Im Folgenden nur noch FTTH genannt

geleitet werden. Hierbei fließen die Datenströme in Form von Licht, welches innerhalb der Ader reflektiert wird. Die Datenkabel sind sehr empfindlich und benötigen deshalb besondere Schutzschichten.[8] Das *To The Home* in FTTH besitzt eine ebenso eindeutige Bedeutung. Damit ist gemeint, dass die optische Leitung bis in das Haus und gegebenenfalls auch die Wohnung - also sprich das Heim - des jeweiligen Kunden verlegt wird. Alternativen mit ähnlichem Namen wären FTTB (*Fiber To The Building*) und FTTC/FTTN (*Fiber To The Curb* bzw. *Fiber to The Node*). FTTH und FTTB lassen sich zu FTTP, also *Fiber To The Premises* zusammenfassen, da beide Techniken bis auf das Grundstück des Kunden reichen.[9] Bei FTTB wird die Leitung nur bis zum Haus selbst mit Glasfaser realisiert, innerhalb des Hauses erfolgt die Leitung nur noch mit konventionellen Kupferleitungen. FTTC/FTTN wird in diesem Kapitel nicht näher betrachtet, da es sich hierbei um eine Kombinationsmöglichkeit mit Vectoring handelt (siehe Kapitel 2.2). Allgemein ausgedrückt liegt der Unterschied darin, dass bei dieser Technik die Glasfaserleitung nur bis zum Multifunktionsgehäuse beziehungsweise Straßenverteiler vorhanden ist - ergo Fiber To The *Curb* oder *Bordstein*. An Abbildung 2 lässt sich der architektonische Unterschied zwischen

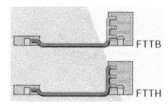

Abb. 2. Schematische Darstellung des Unterschieds zwischen FTTH und FTTB (Lila=Glasfaser, Orange=Kupfer) (Quelle: FT2016a, S.9)

FTTH und FTTB schematisch erkennen. Um als FTTH klassifiziert zu werden, müssen laut FTTH Council Europe zusätzlich zum Erreichen der Grenze des Gebäudes eine von drei Anforderungen erfüllt sein[10]:

- Die Leitung endet innerhalb des Gebäudes des Kunden.
- Die Leitung endet an einer außenliegenden Wand des Gebäudes des Kunden.
- Die Leitung endet weniger als zwei Meter von einer außenliegenden Wand des Gebäudes des Kunden.

Sind diese Voraussetzungen erfüllt, kann die verbaute Technik als FTTH klassifiziert werden. Alle oben genannten Techniken lassen sich wiederum unter dem Überbegriff **FTTX** zusammenfassen.[11]

---

[8] Vgl. FT2016a, S.8
[9] Vgl. We2012, S.14
[10] Vgl. FT2016a, S.9
[11] Vgl. We2012, S.14

2.1.2 Architektur

Eine beliebte Variante von FTTH-Netzwerken sind die sogenannten *Passive Optical Networks* oder PONs. Der Name verrät, dass hier lediglich passive Komponenten wie Splitter statt aktiver Komponenten wie beispielsweise Verstärker verbaut sind. Hauptvorteil hierbei sind die geringen Kosten, nachteilig kann die begrenzte Reichweite von circa zwölf Meilen (entspricht ungefähr 19,31 Kilometern) bewertet werden. Im Vergleich zu Kupferadern mit ihrem starken Dämpfungseffekt ist dies aber immer noch sehr positiv anzusehen.[12] Typischerweise wird hier eine P2MP[13] Architektur verwendet, sprich ein zentraler Zugangsknoten stellt den Service bereit, während optische Splitter eine einzelne Leitung wiederum in mehrere Adern aufsplitten und diese den Kunden bereit stellen. Im Heim des Kunden wiederum existiert ein weiteres Netzelement, das die optische Leitung und damit das PON terminiert[14]: Die ONU[15]. Diese Architektur hat zur Folge, dass alle Kunden alle Daten einer bestimmten Wellenlänge erhalten. Die ONU muss anschließend wiederum erkennen, an wen die Daten gerichtet waren.[16] Die Daten müssen außerdem kodiert werden.[17] Der meistver-

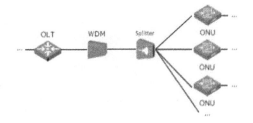

Abb. 3. Schematische Darstellung der Architektur von GPON mit WDM (Quelle: Eigene Erstellung)

wendete PON-Standard zum Zeitpunkt der Erstellung dieser Arbeit ist GPON oder Gigabit PON. Dessen Architektur kann in Abbildung 3 schematisch erkannt werden. Hierbei kommt laut Frenzel eine weitere Methode zum Einsatz:

> „GPON uses optical wavelength division multiplexing (WDM) so a single fiber can be used for both downstream and upstream data."[18]

Das bedeutet schlicht und ergreifend, dass für verschiedene Services sowie Up- oder Downstream Licht in verschiedenen Wellenlängen zur Übertragung einge-

---

[12] Vgl. Fr2014, S.1
[13] Point to Multipoint
[14] Vgl. Ebd., S.2
[15] Optical Network Unit
[16] Vgl. Ebd.
[17] Vgl. FT2016b, S.15
[18] Fr2014, S.2

setzt wird. Somit kann die Leitung gleichzeitig für verschiedene Services genutzt werden. So wird etwa der Downstream auf Wellenlänge 1490 Nanometer übertragen, während für den Upstream die Wellenlänge von 1310 Nanometern zur Verfügung steht.[19]

2.2 VDSL2-Vectoring

2.2.1 Klassifizierung

Die International Telecommunications Union (ITU) definiert Vectoring folgendermaßen:

> „Vectoring is a transmission method that employs the coordination of line signals for reduction of crosstalk levels and improvement of performance."[20]

Es handelt sich also um eine Technik, mithilfe derer auf konventionellen Kupferleitungen das Übersprechen verhindert und die gesamte Leistung verbessert werden kann, indem die einzelnen Signale auf den Kupferadern gezielt koordiniert werden.

Beim Übersprechen handelt es sich um ein Phänomen, welches ausschließlich bei Kupferleitungen bzw. elektrischen Leitern auftritt. Damit ist gemeint, dass sich nebenläufige Leitungen gegenseitig beeinflussen.[21] Physikalisch lässt sich das folgendermaßen erklären:

> „Wird ein Signal über einen elektrischen Leiter übertragen, so ist er von einem elektromagnetischen Feld umgeben. Dieses Feld erzeugt in anderen Leitern, die sich in der unmittelbaren Umgebung befinden, Spannungen und Ströme."[22]

Durch diese Spannungen und Ströme wiederum werden die Übertragungen auf den anderen Leitungen gestört. Die von der Deutschen Telekom verwendete Ausbaustrategie bringt in Bezug auf Vectoring hauptsächlich FTTC zum Einsatz.

2.2.2 Architektur

Für FTTC (bzw. FTTN) können die vorhandenen Kupferleitungen weiterhin verwendet werden. Das bringt den Vorteil mit sich, dass auf dem Grundstück des Kunden keine Umbauarbeiten stattfinden müssen. In Abbildung 4 lässt sich das Konzept einer FTTC-Migration erkennen. Von der Hauptvermittlungsstelle bzw. dem Hauptverteiler (HVt) verlaufen die alten Kupferleitungen zum Multifunktionsgehäuse an der Straße („Street Cabinet"). Darin ist zum einen Logik zum Verteilen der Leitungen auf die einzelnen Kunden verbaut, zum anderen sind die Access Nodes (AN) zum Bereitstellen der einzelnen Services vorhanden.

---

[19] Vgl. Fr2014, S.2
[20] In2015, S.1
[21] Vgl. El2017
[22] Ebd.

Vom AN verlaufen die Leitungen schließlich entweder bis zu einem weiteren Kabelverzweiger (KVz) und von dort aus zum Abschlusspunkt der Linientechnik (APL bzw. Hausverteiler) oder direkt zum APL des Kunden.[23]

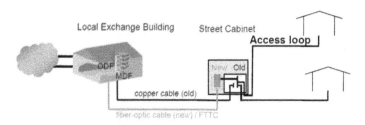

Abb. 4. Konzeptuelle Darstellung der Migration von VDSL zu FTTC (Quelle: We2012, S.14)

Um diese vorhandene Technik nun auf FTTC zu migrieren, müssen lediglich die Leitungen vom HVt zum AN bzw. Multifunktionsgehäuse neu gelegt werden. Hierbei kommen dann Glasfaserleitungen zum Einsatz, die hohe Durchsatzraten erlauben. Im Multifunktionsgehäuse wiederum muss ein weiteres Element verbaut werden, welches die optischen Signale der Glasfaser auf elektrische Signale konvertieren kann.[24] Damit ist die Endgeschwindigkeit für den einzelnen Kunden allerdings noch nicht gesteigert, Up- und Downstream haben damit noch die selbe Obergrenze. Eine Steigerung dieser wird erst durch den Einsatz der Vectoring-Technik erreicht, der erhöhte Datendurchsatz zum HVt kann hierbei schließlich durch die Glasfaser getragen werden.
Für das Vectoring selbst gibt es zwei verschiedene Architekturansätze: Board Level Vectoring (BLV) und System Level Vectoring (SLV). Die AN besitzen sogenannte Linecards, welche wiederum Up- oder Downlinkkarten sein können. Jede dieser Karten besitzt wiederum eine bestimmte Menge an Ports mit Verbindungen zum Kunden/Netzmanagementsystem/HVt. Beim BLV kann es nur so viele Vectoring-Anschlüsse geben, wie es Ports gibt. Damit eignet sich der Ansatz gut für FTTC. Beim SLV hingegen kann das Vectoring über mehrere Linecards hinweg durchgeführt werden, wodurch sich dieser Ansatz für größere FTTN Lösungen eignet.[25] Um das Übersprechen also effektiv zu beseitigen, muss aktiv nachgearbeitet werden. Es wird kontinuierlich gemessen, wie viel Übersprechen auf den einzelnen Leitungen auftritt, sodass Gegensignale gesendet werden können, die das Übersprechen wieder ausgleichen.[26]

---

[23] Quelle: Erfahrung aus Praktikum beim Außendienst der Deutschen Telekom, außerdem zum Großteil erkennbar in Abbildung 4
[24] Vgl. We2012, S.14
[25] Vgl. Do2014, S.16f.
[26] Vgl. Ca2012

Der Leistungsvorteil bezogen auf den Downstream ist in Abbildung 5 ersichtlich. In diesem Beispiel wurden 80 VDSL-Nutzer angebunden, von 47 dieser konnte durch Vectoring das Übersprechen beseitigt werden. Dargestellt sind die Downstreamraten über Distanzen zwischen 50 und 1.000 Metern sowohl mit als auch ohne Vectoring.

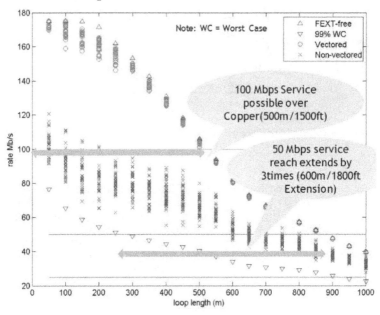

Abb. 5. Downstreamraten mit und ohne Vectoring über verschiedene Distanzen im Vergleich (Quelle: Do2014, S.13)

Klar erkennbar ist der Trend, dass der Leistungszuwachs durch Vectoring stark von der Entfernung des Endkunden abhängig ist. Allgemein lässt sich feststellen, dass ab etwa 1.000 Metern kein messbarer Leistungszuwachs mehr vorhanden ist. Genauso sieht man allerdings auf sehr kurze Entfernungen diesen förmlich in die Höhe schnellen, sodass für 50 Meter Distanz beispielsweise über 160Mb/s gemessen wurden. Bis circa 500 Meter Abstand lässt sich in diesem Versuchsaufbau eine Leistung von über 100Mb/s erreichen, die Reichweite von Anschlüssen mit mindestens 50Mb/s Downstream erweitert sich um weitere 600 Meter. Zu bedenken ist, dass für diesen Leistungszuwachs auf der „last mile" zum Kunden keine Bauarbeiten vorgenommen werden mussten.[27]

---

[27] Vgl. Do2014, S.13

3 Operative Aspekte

Beide Ansätze verfolgen klare Ziele. Wichtig ist in jedem Fall, dass die Erwartungen der Kunden angemessen behandelt und getroffen werden. Für diese sind folgende Aspekte von Priorität[28]:

- Eine schnelle Internetverbindung zum Versenden und Empfangen von Musik, Videos, Bildern, Nachrichten, ...
- Von Zuhause ebenso effizient arbeiten zu können wie im Büro
- TV Sendungen on demand und in HD-Qualität abspielen zu können
- Onlinespiele verzögerungsfrei verwenden zu können

Für all diese Anforderungen ist eine schnelle Internetverbindung unablässlich. Sowohl FTTH bzw. GPON als auch Vectoring erreichen dieses Ziel, allerdings zu unterschiedlichem Maße. Vectoring im Speziellen hat eine starke Reichweitenbeschränkung, bringt allerdings mit sich, dass keine Bauarbeiten beim Kunden von Nöten sind und somit auch früher ein schneller Internetanschluss bereit gestellt werden kann. FTTH hingegen benötigt Bauarbeiten auch auf dem Grundstück des Kunden. Dafür können über Glasfaser höhere Distanzen zurück gelegt und im Allgemeinen höhere Geschwindigkeiten erreicht werden.[29] Auf lange Sicht wird Vectoring nur das bleiben, wofür es angedacht war: Ein Zwischenschritt auf dem Weg zum flächendeckenden Glasfaserausbau. Wie bereits erwähnt soll dadurch das Ziel, einer möglichst breiten Masse der Bevölkerung auch im ländlichen Raum möglichst schnell eine Mindestgeschwindigkeit von 50Mb/s zu bieten erreicht werden. Auf die Kostenunterschiede soll in Kapitel 4 eingegangen werden. Auf regulatorische Differenzen, welche einen Einsatz von Vectoring sinnvoll machen, soll des Weiteren in Kapitel 5 eingegangen werden. Die für den Glasfaseranschluss nötigen Bauarbeiten können auf verschiedene Weisen geschehen: Es kann zum einen konventionell im Tiefbau gegraben werden, was an Straßenbelag und Boden starke Schäden verursacht und entsprechend auch hohe Kosten für die Behebung. Alternativ kann das sogenannte Trenching eingesetzt werden. Hierbei wird mithilfe einer Fräse ein schmaler Graben für die Datenkabel in den Boden gefräst und anschließend mit Bitumen wieder aufgefüllt. Vorteilig ist daran die schnelle Arbeitsweise sowie kostengünstigere Verlegung der Kabel. Leider erhöht sich dadurch auch der Wartungsaufwand, da die verschlossenen Gräben Witterung und vor allem Jahreszeitenwechseln nicht sehr lange standhalten können.[30] In Abbildung 6 ist auf der linken Seite das Entstehen einer Minitrenchingstrecke abgebildet. Der Graben wird in den Bodenbelag bis ca. 10-40cm Tiefe gefräst, anschließend werden die Kabel verlegt und der Graben wieder geschlossen. Auf der rechten Seite der Abbildung lassen sich die Witterungseffekte der Jahreszeiten an einer Microtrenchingstrecke nach zwei Wintern erkennen. Der Belag schließt nicht mehr eben mit der Oberfläche ab.

---

[28] Vgl. FT2016a, S.4
[29] Vgl. We2012, S.13
[30] Vgl. HaMu2012, S.2

Mini-Trenching

Micro-Trenching
Oberfläche nach 2
Wintern

Abb. 6. Einlegen von Glasfaserkabeln in Minitrenchingstrecke; Microtrenchingstrecke nach zwei Wintern (Quellen: Te2017; HaMu2012, S.2)

Als zukunftssicher können beide Techniken bezeichnet werden. Die Leistungsfähigkeit von Glasfaser steht außer Frage, aber auch Vectoring wird stetig weiter entwickelt und steigert die Leistung kontinuierlich. Ab 2018 soll mit der nächsten Entwicklungsstufe namens Super-Vectoring eine Bandbreite von 250Mb/s möglich werden.[31]

4 Gegenüberstellung der Wirtschaftlichkeit

In der Diskussion um die sinnvollste Ausbaustrategie beziehen sich die Glasfaser-Verfechter gerne auf die Wirtschaftlichkeit. In Zukunft könne sowieso nicht auf reine Glasfasernetze verzichtet werden, aus diesem Grund steigere der vorherige Einsatz von Vectoring die Kosten künstlich. Nicht beachtet wird hierbei folgender Aspekt:

> „[...] [Die] FTTC-Technik streckt die Kosten des Ausbaus von Glasfaser und ermöglicht den Unternehmen entsprechend der Nachfragezunahme auszubauen."[32]

Oftmals ist die Nachfrage nach FTTH/FTTB Anschlüssen wesentlich geringer als erwartet. Im Jahr 2015 wurden von allen technisch möglichen Glasfaseranschlüssen nur knapp ein Viertel genutzt.[33] Mithilfe des Vectorings kann zunächst der Teil der Infrastruktur mit Glasfaser ausgebaut werden, der in beiden Fällen aus Glasfaser bestehen muss. Die einzelnen Leitungen zum Haus des Kunden können nun entweder als Vectoring-Anschluss weiter geführt werden oder direkt zu FTTP ausgebaut werden. Sollte sich der Kunde zu einem späteren Zeitpunkt

---

[31] Vgl. HaHeLa2016, S.8
[32] He2016, S.73
[33] Vgl. Ebd.

doch für einen Glasfaseranschluss entscheiden, steht ihm diese Möglichkeit offen.[34] Mit Vectoring ergibt sich also auch aus wirtschaftlicher Perspektive ein sinnvoller Zwischenschritt, gerade auch wenn man bedenkt, dass die Geschwindigkeit des Endkunden damit wesentlich früher gesteigert werden kann. Dieser zeitliche Vorteil ist strategisch wichtig, auch um die nationale Breitbandstrategie - also 2018 alle Haushalte mit mindestens 50Mb/s Bandbreite zu versorgen - umsetzen zu können.[35] Mithilfe von Vectoring kann des Weiteren in ländliche, strukturschwache Gebiete investiert werden, da die Investitionskosten wesentlich geringer sind. Dies ist ein wichtiger Aspekt, da das Stadt-Land-Gefälle schon heute groß ist und ohne Internetausbau in ländlichen Gemeinden weiter wachsen würde. Damit ist gemeint, dass sich Firmen nicht in Gebieten ohne hohe verfügbare Bandbreite niederlassen. Durch einen Ausbau mit Vectoring können aber auch hier relativ kostengünstig hohe Geschwindigkeiten erreicht werden.[36] Allgemein muss also eine Abwägung zwischen Langfristigkeit und der Schnelligkeit, mit der die Kunden an Hochgeschwindigkeitsnetze angeschlossen werden können, stattfinden.

5 Regulatorische Differenzen

Gerade für den Ausbau des Vectoring gibt es einige regulatorische Probleme, welche hauptsächlich ordnungspolitischer Natur sind. Beim Vectoring kann jeweils nur ein Anbieter das Ausgleichen der Störsignale übernehmen. Dadurch ergebe sich eine Monopolstellung, da auf der „last mile" kein Wettbewerb mehr stattfinden kann.[37] Es wurde also eine Regulierung eingeführt. Die sogenannte Vectoring-Liste bestimmt, welcher Wettbewerber das Vectoring für einen bestimmten Bereich übernehmen darf. Eingetragen wird, wer sich zuerst eintragen lässt.[38] Für Vectoring werden viele Leitungen gebündelt, sodass das Übersprechen gemessen werden kann. Diese Leitungen können allerdings nur von einem Anbieter betrieben werden. Aus diesem Grund befürchtet die EU, dass die Technologie dem Wettbewerb schadet, weshalb sie wiederum nicht in den Genuss staatlicher Förderung kommt.[39] Problematisch ist auch die Regulierung bei Ausbau der Glasfaser-Infrastruktur. Hier müssen große Summen investiert werden, um das Netz auszubauen. Anschließend müssen die neu angelegten Netze allerdings dem Wettbewerb zugänglich gemacht werden. Im Beispiel der Telekom erhalten damit Carrier wie beispielsweise Vodafone, welche ein wesentlich kleineres eigenes Netz betreiben, Zugang zu eben diesem Netz.[40] Investitionen in eine solche Infrastruktur müssen deshalb laut Telekom-Vorstand Tim Höttges attraktiver

---

[34] Vgl. He2016, S.73
[35] Vgl. Ebd., S.72
[36] Vgl. HaHeLa2016, S.11
[37] Vgl. He2016, S.73
[38] Vgl. Ebd., S.74
[39] Vgl. Sa2015
[40] Vgl. Sa2017

gestaltet werden. Durch eine solche Regulierung werde das Netz entwertet und der Anreiz für Investitionen schwinde.[41]

6 Fazit

Welche Technik sollte also bevorzugt eingesetzt werden? Ist der Einsatz von Vectoring überhaupt rechtfertigbar? Die Antwort ist wie immer situationsbedingt. Glasfaser wird das Netz der Zukunft bilden, ob Vectoring nun eingesetzt wird oder nicht. Mit dem Vectoringeinsatz steigen zwar die Gesamtkosten, dafür können sie sinnvoller auf Zeit gestreckt werden, bis die Nachfrage nach reinen FTTP-Anschlüssen dem möglichen Angebot entspricht. Bis dahin kann mit Vectoring dennoch sinnvoll die Geschwindigkeit gesteigert werden, sodass die Breitbandziele auch ohne einen sofortigen reinen Glasfaserausbau umsetzbar sind. Vectoring sollte also keinesfalls verteufelt werden und verhindert auch entgegen der Meinung vieler den Glasfaserausbau nicht. Ganz im Gegenteil wird auch bei Vectoring der Glasfaserausbau voran getrieben, da auch hierfür neue Leitungen entstehen. Der Unterschied ist die Anbindung von der Straße zum Kunden, welche jederzeit nachgerüstet werden kann. Hier sieht man wieder den Effekt von Angebot und Nachfrage. Somit bildet Vectoring und seine noch folgenden Weiterentwicklungen einen sinnvollen Zwischenschritt in der Übergangszeit von der Kupfer- zur Glasfaserinfrastruktur. Die Antwort auf die ursprüngliche Frage ist also eigentlich simpel: Entspricht die Nachfrage nach reinen Glasfaserlösungen bereits dem technisch machbaren Angebot, so sollte der Zwischenschritt über Vectoring übersprungen werden. In allen anderen Fällen kann durch Vectoring dennoch die Bandbreite gesteigert sowie der Glasfaserausbau vorangetrieben werden. Schließlich kommt es immer auf den spürbaren Effekt beim Kunden an - und dieser ist in beiden Fällen positiv bemerkbar. Ob er nun über Vectoring oder Glasfaser angebunden wurde wird für den durchschnittlichen Endkunden wenig von Bedeutung sein. Was zählt, ist die Geschwindigkeit, die bei ihm ankommt. Somit sollte keine der beiden Ausbaustrategien grundsätzlich bevorzugt oder benachteiligt werden, da die richtige Wahl immer situationsbedingt ist.

---

[41] Vgl. Re2014

Literatur

[Ca2012]   Capacity Media: What is vectoring technology?, Capacity Media
                Website, http://www.capacitymedia.com/Article/2986517/What-
                is-vectoring-technology (Zuletzt aufgerufen am 09.01.2018 um
                17:55 Uhr), 2012

[Do2014]   Dong W.: An Overview of G.993.5 Vectoring, broadband forum Mar-
                keting Report, Ausgabe 2, 2014

[El2017]   Elektronik Kompendium: Nebensprechen/Übersprechen/Crosstalk,
                Elektronik Kompendium Website, https://www.elektronik-
                kompendium.de/sites/kom/1303261.htm (Zuletzt aufgerufen am
                09.01.2018 um 17:45 Uhr), 2017

[FT2016a]   FTTH Council Europe: Fibre To The Home (FTTH): What is it?,
                Whitepaper des FTTH Council Europe, Brüssel, 2016

[FT2016b]   FTTH Council Europe: FTTH Handbook, Handbuch des FTTH Coun-
                cil Europe, Revision 16/02/16, Brüssel, 2016

[Fr2014]   Frenzel L.: What's The Difference Between Epon And Gpon Optical
                Fiber Networks?, Electronic Design, http://www.electronicdesign.
                com/what-s-difference-between/what-s-difference-between-
                epon-and-gpon-optical-fiber-networks (zuletzt aufgerufen am
                08.01.2018), 2014

[Fr2017]   Frankfurter Allgemeine Zeitung: Telekom beschleunigt Glasfaser-
                ausbau, http://www.faz.net/aktuell/wirtschaft/diginomics/
                telekom-beschleunigt-glasfaserausbau-15360211.html,   2017
                (zuletzt aufgerufen am 07.01.18 um 16:14 Uhr)

[HaHeLa2016]   Haucap J., Heimeshoff U., Lange M.: Gutachten zum Serious Doubts
                Letter der Europäischen Kommission zur Vectoring- Entscheidung der
                Bundesnetzagentur, erschienen in: DICE Ordnungspolitische Perspek-
                tiven, Ausgabe No. 84, Heinrich Heine Universität Düsseldorf, 2016

[HaMu2012]   Haag H., Müller M.: FTTH im ländlichen Raum, TE Consult und fi-
                berstrategy, Stuttgart, 2012

[He2016]   Henseler-Unger I.: Breitband - Ziele und Visionen, Wirtschaftsdienst
                Band 98 Ausgabe 1, Springer Verlag, Stuttgart, 2016

[In2015]   International Telecommunications Union: Recommendation G.993.5:
                Self-FEXT cancellation (vectoring) for use with VDSL2 transceivers,
                ITU, 2015

[Re2014]   Reuters Redaktion: Telekom fordert für Breitbandausbau weniger
                Regulierung, Reuters Website, https://de.reuters.com/article/
                deutschland-internet-breitbandausbau-idDEKCN0J51MS20141121
                (Zuletzt aufgerufen am 10.01.2018 um 17:18 Uhr), 2014

[Sa2015]   Sawall A.: EU erlaubt keine Förderung für Vectoring in Deutschland,
                Golem Online Magazin, https://www.golem.de/news/breitband-
                eu-erlaubt-keine-foerderung-fuer-vectoring-in-deutschland-
                1506-114690.html (Zuletzt aufgerufen am 10.01.2018 um 16:48 Uhr),
                2015

[Sa2017]   Sawall A.: Telekom sieht wegen "Free Rider"Glasfaserausbau blockiert,
                Golem Online Magazin, https://www.golem.de/news/festnetz-
                telekom-sieht-wegen-free-rider-glasfaserausbau-blockiert-
                1711-131072.html (Zuletzt aufgerufen am 10.01.2018 um 17:05 Uhr),
                2017

[Su2016]   Sueddeutsche Zeitung: Glasfaser oder Kupferkabel - die falsche Diskussion?, http://sz.de/1.3006499 (Seite 2), Sueddeutsche Zeitung Online, 2016 (zuletzt aufgerufen am 07.01.18 um 15:49 Uhr)

[Te2017]   Telekom: Hildburghausen   wird   Glasfaser-Vorzeigeprojekt, Telekom   Website,   https://www.telekom.com/de/medien/ medieninformationen/detail/glasfaser-vorzeigeprojekt-hildburghausen-510448 (Zuletzt aufgerufen am 10.01.2018 um 11:25 Uhr), 2017

[We2012]   Weber S.: Fiber-to-the-home on passive optical networks, Projektarbeitsbericht Master of Science in Engineering, Hochschule für Technik und Wirtschaft Chur, Chur, 2012

Anhang

Abkürzungsverzeichnis

AN	Access Node
APL	Abschlusspunkt Linientechnik
BLV	Board Level Vectoring
FEXT	Far-End Crosstalk
FTTB	Fiber To The Building
FTTC	Fiber To The Curb
FTTH	Fiber To The Home
FTTN	Fiber To The Node
FTTP	Fiber To The Premises
FTTX	Fiber To The X
GPON	Gigabit Passive Optical Network
HVt	Hauptverteiler
KVz	Kabelverzweiger
MDF	Main Distribution Frame
ODF	Optical Distribution Frame
OLT	Optical Line Terminal
ONU	Optical Network Unit
PON	Passive Optical Network
P2MP	Point to Multipoint
SLV	System Level Vectoring
VDSL2	Very High Speed Digital Subscriber Line 2
WDM	Wavelength Division Multiplexing